AF275879

J.-K. Huysmans
Curioso de todo lo raro

Vicente Blasco Ibáñez

www.archivosvola.es

rescatando el acervo

Vicente Blasco Ibáñez. "J.K. Huysmans"

Prólogo a J. K. Husymans, *Allá lejos*

Prometeo sociedad editorial, Valencia, 1919

© Julia Amezúa. "Huysmans y el fin de siglo hispánico: un apunte, en *Le métissage culturel en Espagne*, édité par Jean-René Aymes et Serge Salaün, Presses Sorbonne Nouvelle, 2001, https://doi.org/10.4000/books.psn.1598.

ISBN: 978-84-129819-0-2

Índice

Joris-Karl Huysmans
(París, 1848-1907)
retratado en 1904

J.-K. Huysmans

Vicente Blasco Ibáñez
París. - Noviembre 1918.

Según cuenta Luciano Descaves, su amigo más fiel, Huysmans, que no tenía gran confianza en los críticos y los biógrafos, escribió su propia vida, publicándola en una colección de "Autores contemporáneos" con el falso nombre de A. Meunier. Con lo que en ella dice el novelista de su propia existencia, atribuyéndolo a un autor imaginario, con lo que han escrito Descaves, Remy de Gourmont y otros que le conocieron íntimamente, puede reconstituirse la historia de este gran artista literario, violento, original, contradictorio, que inició su carrera como el primero y más entusiasta de los discípulos de Emilio Zola, y la acabó como oblato de un convento, escandalizando a los librepensadores e infundiendo miedo a los católicos con su ruidosa y especialísima conversión, luego de haber pasado en un período intermedio por el Satanismo, la magia y la voluptuosidad sacrílega.

* * *

Huysmans nació en París, el 5 de Febrero de 1848, de un padre holandés y una madre francesa.

En su familia paterna, la profesión de pintor había pasado como una herencia de generación en generación. Uno de los antepasados del novelista fue Cornelio Huysmans, cuyos cuadros figuran en el Museo del Louvre entre los de los viejos maestros holandeses. Su abuelo y uno de sus tíos figuraron como ilustres profesores en las Academias de Breda y de Tilburgo. Su padre, Gotifredo Huysmans, nacido en Breda, también fue pintor, trasladándose para ejercer su arte a París, donde contrajo matrimonio.

La familia de su madre era de pequeños burgueses parisienses, apellidados Badin. Casi todos ellos sirvieron al Estado, de padres a hijos, en las oficinas administrativas. Pero también el arte había hecho su aparición en esta familia reposada y vulgar. Uno de los tíos maternos del novelista fue el estatuario Gerard, gran premio de Roma en 1789 y autor de algunos bajorrelieves de los Arcos de Triunfo del Carrousel y de la Estrella.

El pintor holandés murió cuando su hijo sólo tenía ocho años, y la viuda, mujer animosa, dirigió un taller de encuadernación instalado en un antiguo convento de la calle de Sèvres, enorme edificio, convertido en casa de vecindad, que el novelista ha descrito en algunas de sus obras.

Huysmans fue estudiante. Obtuvo el bachillerato en 1866, sin ninguna brillantez, y se matriculó en la Escuela de Derecho, pero pronto se abstuvo de visitar sus aulas, aunque continuó frecuentando el Barrio Latino. Era la época de las grandes agitaciones contra Napoleón III. Toda la juventud alardeaba de republicana. Un abogado tuerto y de pocos años, llamado León Gambetta, la enardecía con sus discursos. En los cafés gritaban contra el Imperio un sinnúmero de escolares de provincias, famélicos y mal vestidos, destinados a ser ministros, embajadores o presidentes de la tercera República. Huysmans se mezcló poco en estas conspiraciones juveniles. Los diversos regímenes políticos le merecieron siempre la más completa indiferencia. Para él –como dice uno de sus biógrafos–, el mejor gobierno era el que le molestase menos.

Su única preocupación en esta época fue leer mucho y buscar una profesión para no ser gravoso a la pobre madre, que se afanaba por hacer marchar su taller de encuadernaciones en rústica. El abuelo materno había sido cajero del Ministerio del Interior, y gracias a su influencia, el estudiante refractario entró como pequeño empleado en dicho centro cuando acababa de cumplir veinte años. Allí le sorprendió la guerra de 1870. Aunque no sentía entusiasmo por las hazañas militares, se incorporó a un batallón de guardias móviles, y fruto de sus observaciones en este periodo fue su pequeña novela *Mochila a la espalda*. La ruda vida de campamento quebrantó su salud, pero sólo al sobrevenir la revolución de la Comuna pudo volver a ocupar su empleo, pasando a Versalles cuando se trasladó a esta ciudad el Ministerio del Interior huyendo de los comunalistas. Luego volvió a París al regresar el gobierno, después del inexorable castigo de los insurrectos.

Y ya no abandonó su oficina hasta que lo jubilaron.

"Digamos de una vez por todas –escribe Luciano Descaves– que Huysmans, hasta el momento de tomar su retiro, después de treinta años de servicios, fue un funcionario modelo. Cuando le dieron la Legión de Honor, en 1893, por sus treinta años de vida administrativa, su primer acto fue visitar al ministro Carlos Dupuy, que había acordado esta distinción más a la asiduidad del subjefe de Negociado que al talento del literato. Huysmans concebía perfectamente la admisión en la Legión de Honor de los empleados puntuales. Como artista, sentía repugnancia a verse mezclado con tantos falsos hombres de letras que tienen la Legión de Honor, y se felicitaba de permanecer aparte, condecorado como simple funcionario. "

Otra de sus originalidades fue mantenerse siempre fiel a la orilla izquierda del Sena, donde había nacido... Sólo se encontraba bien "en los barrios muertos, situados a un extremo de la ciudad, grande y activa". Cuando terminaba su labor en el Ministerio, situado frente al Palacio del Elíseo, se apresuraba a pasar los puentes, à dejar el Sena entre él y la odiada y demoniaca orilla derecha, "donde están los hombres de presa, las gentes de teatro, la vida febril, el derroche, el lujo"... todo lo que él odiaba.

* * *

Como el empleo no era de gran trabajo, los aburridos descansos del funcionario fueron aprovechados por el escritor, y desde sus primeros meses en el Ministerio, Huysmans empleó el papel y las plumas del Estado en su producción literaria.

Su primera obra fue una serie de poemas en prosa, escritos en un lenguaje vigoroso y nuevo, producto de sus largos estudios sobre Villon y otros autores medioevales. Su madre hacía encuadernaciones para el célebre editor Hetzel, y el joven empleado le visitó con el deseo de leerle su libro. Hay que advertir que el viejo Hetzel, en fuerza de publicar obras ajenas, había acabado por ambicionar la gloria literaria, y escribía, con el seudónimo de P. J. Stahl, novelitas morales para las escuelas. Es fácil imaginarse el asombro, el escándalo, la indignación de este autor infantil, que tenía en plena vejez la puerilidad de un niño, al enterarse de la obra del debutante audaz.

– Joven –le dijo con agresiva severidad–, lo que usted pretende al insurreccionarse de ese modo contra la lengua francesa es hacer una segunda vez la Comuna de París.

En aquellos meses el gobierno daba caza sin misericordia a los vencidos comunalistas, fusilando o deportando a todos los que caían en su poder. Las palabras de Hetzel casi eran una amenaza.

Y en vista de que el primer editor francés de aquel entonces le ofrecía como único premio el ser pasado por las armas, puso la frontera de por medio, lo mismo que los fugitivos revolucionarios; es decir, buscó en Bélgica un librero que publicase sus obras. Por esto aparecieron en Bruselas sus dos primeros volúmenes: el de los poemas en prosa, titulado *Le drageoir à épices*, y una novela, *Marta*.

Otra particularidad de Huysmans. Su verdadero nombre de pila era Georges (Jorge), y caso de firmar con una inicial, debería haber puesto antes de su apellido una G. Pero sus primeros libros –tal vez porque aparecían fuera de Francia, y él llevaba un apellido holandés– los suscribió con el nombre de Joris-Karl Huysmans. En la primera parte de su vida literaria, fue Joris-Karl. Sus jóvenes camaradas no se olvidaban nunca de darle este nombre, encontrándolo sonoro y exótico; pero años adelante el novelista sintió la necesidad de simplificarlo, y firmó definitivamente con las iniciales J. K. delante de su apellido.

El poeta Teodoro de Banville saludo el primero de sus dos libros aparecidos en Bruselas, declarando que era "una joya de hábil orfebre, cincelada con mano firme y ligera". Arsenio Houssaye, engañado por el nombre de Joris-Karl, afirmó en una crítica: "Este Huysmans, que tal vez es de Malinas, tiene en su pluma bien francesa un poco de tinta flamenca."

Marta, su primera novela (1876), fue reimpresa en Paria tres años después, y dio notoriedad a su nombre entre la juventud literaria. Es la historia de una joven caída en la prostitución. Su autor la ha renegado, no por el escándalo que produjeron sus audacias, sino por su insuficiencia literaria. Al considerar fríamente esta novela después de algunos años, dijo Huysmans: "La encuentro curiosa y vibrante, pero mezquina e insuficientemente personal... Ofrece de vez en cuando observaciones exactas, pero al mismo tiempo unas cualidades de estilo enfermizas, que recuerdan demasiado la lengua de los Goncourt."

Pero *Marta* motivó uno de los sucesos más importantes de su vida.

Un novelista que empezaba a preocupar a la crítica y a irritar una gran parte del público de entonces con la novedad y la audacia de sus obras, leyó *Marta* y quiso conocer a su joven autor. Así se abrió para Huysmans la casa de Emilio Zola. Este aún no se consideraba jefe de escuela, aún no había escrito *L'Assommoir*; pero Huysmans, al ser su amigo, fue su primer discípulo, y como dice uno de sus biógrafos, "dio su adhesión al naturalismo antes de que se la pidieran".

* * *

Esta amistad le hizo encontrar un editor en París. En 1879, Huysmans publicó su primera obra de verdadero éxito, en casa de Charpentier, editor de Emilio Zola, dedicándosela a este último. El joven maestro de *L'Assommoir* merecía tal homenaje de gratitud. Sus enemigos eran cada vez más numerosos; necesitaba todo su tiempo y sus energías para contestar a los aullidos de la crítica hostil; pero aun así, tuvo tiempo de defender el libro de su primer adepto –*Las hermanas Vatard*, novela de exagerado naturalismo–, al mismo tiempo que justificaba su propia obra.

Un año después, Huysmans acabó de ser consagrado como escritor verdaderamente conocido.

En 1880 se publicó el volumen de cuentos *Las veladas de Medán*. Los familiares de Zola aportaron para este libro un relato novelesco cada uno. Eran cinco: Huysmans, Guy de Maupassant, Hennique, Ceard y Paul Alexis. El único que aún vive de los cinco es el viejo Henri Ceard, que ha escrito muy poco, y que la Academia Goncourt acaba de recibir en su seno. Zola, deseando agradecer la adhesión de los cinco jóvenes, lanzó bajo el patronato de su nombre este volumen de cuentos agresivos. Huysmans era el más conocido de los cinco, y su pequeña novela *Mochila a la espalda* no sorprendió a los que habían leído *Las hermanas Vatard*. El torneo de pequeñas novelas sirvió para que los lectores se fijasen por primera vez en el nombre de Guy de Maupassant. Su cuento *Bola de sebo* fue sin discusión el mejor de *Las veladas de Medán*.

Huysmans, en sus descansos de novelista combativo, se dedicó a la crítica de arte y a los croquis de tipos y costumbres, lo mismo que había hecho Zola años antes. En esta época produjo la mayor parte de sus *Croquis parisienses*, y en *El Voltaire* hizo la crítica de los salones de pintura de 1879 à 1882.

"¡El asombro y el susto de los lectores de *El Voltaire*, a los que inició Huysmans bruscamente en el impresionismo! –dice Descaves–. Un gran crítico de arte acababa de nacer. Era el Angel Exterminador que agujereaba los lienzos y devolvía a sus tubos los óleos inútilmente derrochados... No existían para él las glorias consagradas. El consentimiento universal del público era una razón para que él desconfiase de un nombre. Con verdadera alegría fue realizando su oficio de Angel de la Anunciación. Señalaba a los ignorados, exaltaba a los mal conocidos, vengaba a los que acababan de recibir ultrajes, gritaba su admiración por Cézanne, Renoir, Monet, Degas, Raffaëlli, Pissarro, Forain y tantos otros... Alineaba sus palabras como golondrinas sobre los cuadros hinchados de savia y estas golondrinas anunciaban la nueva primavera. "

Millet, el Millet del *Angelus*, era en aquel momento el primero de los pintores. El vulgo, después de haberle desconocido en vida, le tributaba honores de semidiós. La explotación de los mercaderes de arte exhibía sus obras con un aparato litúrgico y las valoraba en millones, después que su autor casi había perecido de miseria.

Esto bastó para que Huysmans cayese sobre Millet con una agresividad implacable. Además, este maestro consagrado era el pintor de la vida campestre, y una de las originalidades más sobresalientes del autor de *En rada* fue su odio a los campesinos, más felices y menos laboriosos que los obreros.

Las teorías de Huysmans, que pudiéramos llamar anti-rrurales, quedaron formuladas por primera vez al hacer la crítica de Millet. Es un lugar común admirar la laboriosidad y las penalidades del hombre que cultiva la tierra. Desde que existe en el mundo la literatura, raro es el autor que no ha dedicado elogios al campesino. Huysmans fue el primero que atropelló este convencionalismo. Veamos cómo embestía el poderoso jabalí del naturalismo, deshaciendo a colmillazos la reputación, consagrada por la crítica y la leyenda, de los buenos y sufridos labriegos.

"Todos los campesinos de Millet –dice Huysmans– son tan convencionales y tan falsos como los campesinos de ópera cómica que aparecen en las novelas de esa vieja danzante de revista, de esa vieja hilandera de ideal estúpido que llaman

Jorge Sand. Mientras ella convertía en Celadones incor-porales a los costrosos rústicos de su Berri, Millet cam-biaba en presidiarios inocentes o en desgraciados retóri-cos a los campesinos de los alrededores de Fontainebleau y a las gentes de la región del Brie. Cuando representa a un labriego agotado de fatiga, apoyándose en un azadón, mirando vagamente ante él con las pupilas muertas, este pintor miente, porque ya es llegada en verdad la hora de decirlo en voz alta: el campesino reventando de necesidad, aullando de miseria sobre el surco, no existe. Sostener que es feliz resultaría injusto, pues para mantenerse necesita labrar, sembrar, vendimiar y segar. Pero enfrente de este hombre que posee una cabaña o la alquila por unos cuantos sueldos, que cría las más de las veces una vaca o un cerdo, siempre gallinas y con frecuencia gansos, que cosecha en su pequeña huerta patatas y coles, colocad un obrero de París y apreciaréis la diferencia. Sin buscar á los más miserables y agotados de los artesanos de las ciudades, a los machacadores de zarzaparrilla, afligidos de vómitos incoercibles, a los trituradores de blanco de cerusa, a los amalgamadores de mercurio, con las entrañas corroídas y los huesos blandos, fijémonos en un impresor, cuya profesión es casi dulce. De pie, lo mismo que el campesino, desde el alba, trabaja encerrado, sin descanso, sin tregua, hasta la noche. Luego regresa a su alto tugurio, aspira la pestilencia de los plomos del tejado, bebe líquidos combustibles, y si es célibe satisface en lugares peligrosísimos sus necesidades amorosas. Por desgraciado que sea el campesino, trabaja a lo menos en pleno aire, se reconforta con inocentes vinillos limpios de falsificación, la suciedad que le rodea es de sanos estiércoles animales, y al regresar a su vivienda aireada puede, si quiere, aspirar en la huerta las tonificantes brisas de la

17

noche. ¿Cuándo, además, conoce el obrero parisién las conversaciones prolongadas a lo largo de los caminos, las meriendas rústicas, los largos descansos después de la siembra, todos esos pretextos de espera y reposo que abundan en la vida de los labriegos?...

Lo mismo puede decirse de las mujeres. Igual que una bestia de carga, la campesina amontona el heno, corta la leña, remueve la tierra, sartenea ante la llama... conforme; pero una obrera enclaustrada todo el día en el aire rarefacto del *Bon Marché* o los almacenes del *Louvre*, una mujer siempre de pie y atenta a los deseos de la muchedumbre, es más sufridora, más débil, más dolorosamente laminada por la vida, más digna verdaderamente de compasión.

Además, durante los hielos invernales, el campesino se reposa y calienta sus tibias ante fogatas que nada le cuestan, mientras que la mujer del pueblo va en las ciudades en busca de los residuos de las calderas de vapor para escoger entre las cenizas los pequeños fragmentos de carbón, fabrica caseramente ladrillos de viejo cok mojado, se calienta como puede ella y sus pequeños al azar de los detritus que encuentra. En resumen, los campesinos no son dignos de lástima cuando se compara su vida con la de los obreros y con la de la mayor parte de los empleados de las ciudades.

Es, pues, soberanamente injusto malgastar nuestra piedad y reivindicar en favor de esos brutos perezosos una compasión que sólo merecen los mercenarios adoloridos de los trabajos en lugar cerrado.

Pero Millet estaba hecho para comprender románticamente à sus hermanos de arado, a sus parientes de establo... Era un hijo de campesino, un ser mal escuadrado, con una ignorancia superficialmente cepillada por un maestro de aldea y abandonado luego en París en medio de pintores no menos ignorantes, pero cuyo espíritu populachero se había afinado en cafetines y bodegones. En cuanto a lecturas, Millet había seguido a tientas los episodios de la Biblia, sin llegar a ser lo suficientemente simple o lo suficientemente refinado para comprenderlos. Hechas un revoltijo, ha transferido sobre sus lienzos sus lecturas mal digeridas, sirviéndonos, en vez de los labriegos astutos y retorcidos del Brie, unos esclavos anonadados que gritan misericordia y declaman tiradas a lo Juan Valjean. En vez de los patanes maliciosos que no rezan nunca, nos pinta unas gentes que se contraen con recogimiento al oír el Ángelus, pastores idílicos y piadosos... ¡como si el sonido de una campana en los campos no fuese para los labriegos la simple señal de una hora que designa el momento de comer o marca el instante convenido de volver a casa!...

No: Millet fue simplemente un pintor, o lo que es lo mismo, un hombre dotado de una recomendable habilidad en los dedos y de cierta agilidad en los ojos; pero al mismo tiempo era un rústico sin verdadera educación, un obrero envenenado por las declamaciones oídas en los *cabarets* de artistas. Su concepto del labriego, retórico en actitudes, mártir desconocido de una sociedad ingrata y de un suelo implacable, es completamente falso."

Hemos copiado este largo fragmento para que el lector se dé cuenta del estilo de Huysmans, de su agresividad para las reputaciones consagradas y del odio que le inspiraban los campesinos y aun el mismo campo.

Esta malquerencia se refleja en todos sus libros. El hijo de París adora los macilentos jardines perdidos en un rincón humilde de su ciudad más que todos los esplendores de la Naturaleza libre. Su compasión sólo es para los jornaleros que sufren en las grandes aglomeraciones humanas.

* * *

En 1881, entre *Nana* y *Pot-Bouille*, que marcaron el apogeo de la gloria ruidosa y fieramente discutida de su maestro, Huysmans intercaló un libro suyo, *En familia*.

Años después, el novelista, al escribir su autobiografía, declaró su amor por esta obra. "Es el canto del nihilismo –dijo–; un canto ensombrecido por los estallidos de una alegría siniestra y por chistes de una gracia feroz." Pero la novela siguiente, *Aguas abajo*, fue realmente superior, y le confirió la dignidad de maestro.

Huysmans ha definido esta corta historia de un humilde empleado, solterón, dispéptico y aburrido de todo, "el diaconato de las miserias mediocres". *Aguas abajo*, lo mismo que *En familia*, aconseja "la resignación, el dejar pasar ", la aceptación, en fin, de la vida tal como se presenta, o sea irremediablemente mala. "Lo mejor no existe para las gentes sin dinero –afirma el novelista–. Sólo lo peor es lo que les llega."

Schopenhauer ha dicho: "La vida del hombre oscila como un péndulo entre el dolor y el aburrimiento." Huysmans cree lo mismo, y se esfuerza por demostrarlo en sus novelas. ¿Para qué moverse buscando las ventajas de la felicidad, si la felicidad no existe?

"Huysmans es un pesimista –dice un crítico– que se complace, como muchos Job de su especie, en vivir sobre el estercolero de su filosofía. Pero hay que reconocer que Huysmans se rasca las úlceras con palabras precisas y preciosas, con los tiestos deslumbradores de un vocabulario tan rico, que hace olvidar el horror de las llagas. Es más: llega por su habilidad verbal a infundir un carácter cómico a lo que presenta como la abominación de la desolación; los alimentos falsificados de los *restaurants* baratos, un cigarro que no tira, el quinqué que humea, el cok ininflamable, la ropa mal lavada, una representación en la Ópera Cómica, el amor a tanto la sesión, el tedio del domingo, el calor, el frío, las asistentas zafias que limpian la casa."

El empleado de *Aguas abajo*, el malhumorado señor Folantin, es el mismo Huysmans. Y este personaje sentido y vivido se reproduce en todas sus novelas. El protagonista es siempre Folantin, o sea Huysmans: lo mismo cuando lanza sus lamentos de pesimista, que cuando cree momentáneamente en el Satanismo o acaba por convertirse a la religión católica y vive en conventos. "La fisonomía de Huysmans –dice otro crítico– está esparcida en todos sus libros. Puede algunas veces acentuar más sus rasgos, ahondar más en su alma, hacer caer de lo alto mayor luz sobre las partes del cuadro pintadas sólo de negro, pero es siempre la imagen del señor Folantin la que tendremos ante los ojos, copiada por él mismo. "

* * *

En 1884 se produjo en su vida literaria un suceso que los biógrafos llaman "precursor de la tormenta".

Huysmans fue un curioso, un eterno curioso que no reparaba en vínculos ni compromisos cuando veía agotada toda novedad en torno de él, y creía percibir un mundo virgen al otro lado del abismo. El salto no le daba miedo. Sus ojos, fijos en la ribera opuesta, menospreciaban el obstáculo del vacío.

En el citado año apareció *Al revés*, la más extraña y original de sus obras. Esta novela, si no marcó la ruptura completa de su autor con el naturalismo, reveló a lo menos una curiosidad vehemente por otra cosa. El mismo Huysmans ignoraba cuál era su deseo pero inconscientemente sintió que el naturalismo no podía darle más y que su misión al lado de Émile Zola había terminado. Sus notas de observador minucioso de la vida estaban exhaustas, y él era un artista falto por completo de imaginación, incapaz de inventar.

"El naturalismo –ha dicho Remy de Gourmont– es el amor de los detalles, no por ellos mismos, sino porque dan a una obra literaria la vida y la exactitud. Y de todos los novelistas llamados naturalistas, el que merece mejor esta calificación es Huysmans. Tal vez resulta el único, pues Zola se deja voluntariamente arrastrar por su gran imaginación; y para ser un verdadero naturalista, un verdadero *describidor* de todo lo que se ve, de todo lo que se toca y se siente, es preciso no tener ninguna imaginación."

Otro escritor ha dicho que "la enfermedad de los naturalistas es que ninguno de sus personajes siente inquietudes superiores". Huysmans, presintiendo sin duda este defecto, buscó dichas inquietudes para sus héroes, que son siempre él mismo. El Leo de *Marta*, el Cipriano Tibaille de *Las hermanas Vatard*, el Andrés de *En familia*, el Marlés de *En rada*, el Folantin de *Aguas abajo*, el Des Esseintes de *Al revés* y el Durtal de *Allá lejos* y de los libros posteriores a la conversión, todos son Huysmans con sus curiosidades y sus inquietudes.

"En cada una de sus novelas –afirma Remy de Gourmont– hay como protagonista un señor que se aburre, busca mejorar su vida y nunca lo consigue. Todos son pesimistas, hasta aquellos que se creen inspirados por la fe católica; y todos acaban por sufrir una gran decepción, hasta el mismo oblato de su última obra. Que el deseo final sea arreglarse una pequeña existencia mediocre pero soportable, o establecerse definitivamente en la vida religiosa, la conclusión es la misma; hay que renunciar en el último momento a la esperanza, y, como el lamentable señor Folantin, "volver al viejo bodegón, regresar al terrible corral de ganado". Que la novela sea de costumbres parisienses o de costumbres monacales, el ambiente será descrito de un modo invariable con los mismos procedimientos minuciosos, con la misma simpatía rabiosa, el mismo goce visible, cuando se trata de hacer constar una mancha o indicar un defecto."

El Huysmans de *Al revés* se ahogaba dentro de la escuela literaria escogida libremente en su juventud. Nada le quedaba que hacer dentro del naturalismo y quiso salir de sus muros, aspirando a la libertad, pero sin saber adónde podría ir. "Marchando a tientas –dice Descaves– acabó por descubrir la existencia de viejas ventanas condenadas, y rompiendo sus maderas, se asomó en el vacío." Estas ventanas eran el Satanismo, el ocultismo, el libertinaje sacrílego, las leyendas sanguinarias y perversas de otros siglos, la

Misa Negra, todas las cosas que aparecen rejuvenecidas en las páginas de *Allá lejos*.

Dos hombres vieron claro hacia dónde marchaba Huysmans, precisamente cuando parecía más sumido en su literatura sacrílega y diabólica: Emilio Zola y Barbey d'Aurevilly.

El maestro de Medán dejó partir de su lado al hijo pródigo con la seguridad de que este viaje seria sin retorno. Después de aparecer *Al revés*, dijo a su discípulo:

– Acaba usted de asestar un golpe terrible al naturalismo.

Barbey d'Aurevilly, con no menos exactitud, afirmó al ver a Huysmans avanzar por esta peligrosa revuelta de su vida:

– No le queda más que escoger entre la boca de una pistola o los pies de un crucifijo.

Transcurrieron ocho años. En este tiempo, además de *Allá lejos*, produjo Huysmans *En rada*, la novela contra la rapacidad de los campesinos. Pero finalmente, entre la pistola o el crucifijo, escogió el crucifijo.

* * *

De todos los escritores que le trataron antes de que se convirtiera, es Remy de Gourmont el que mejor ha sabido describir su original fisonomía.

Gourmont, más joven que él, lo visitó una tarde en el Ministerio del Interior para leerle su primera novela, con una recomendación de Villiers de l'Isle Adam.

"Después de atravesar –dice– muchos patios, escaleras y pasillos, me indicaron una puerta. De esta primera entrevista sólo recuerdo una cosa, y es que la acogida de Huysmans fue cordial. Sin prestar gran atención al manuscrito que yo le presentaba, ofreció leerlo, y después, liando un cigarrillo, me examinó largamente con sus ojos de gato, mientras desarrollaba amargas consideraciones sobre la canallería de la literatura contemporánea... Este fue el principio de una intimidad amistosa que duró dos o tres años.

Yo salía de la Biblioteca Nacional a las cuatro de la tarde. Huysmans sólo podía abandonar su oficina a las cinco, y diariamente pasaba a buscarle para volver juntos al *faubourg* Saint-Germain, donde vivíamos los dos.

Por los Campos Elíseos y los muelles de la orilla izquierda del Sena nos dirigíamos al café Carón, situado en la esquina que forman la calle de la Universidad y la calle de los Santos Padres. Esto se repetía diariamente. Huysmans, que era subjefe de Negociado en la Dirección General de Seguridad, no mostraba un celo excesivo. Encargado particularmente de la sección de "juegos, círculos y casinos", su trabajo resultaba poco fatigoso; pero cuando sonaban las cinco corría a tomar su sombrero, manifestando la misma alegría de un can al que libran de su cadena. En este despacho vulgar y detestado es, sin embargo, donde escribió casi todos sus libros. El manuscrito de *Allá lejos* está todo en papel del Ministerio y permaneció muchos meses en un cajón de su mesa de oficinista... Almorzaba muy temprano en la calle de Grenelle - siempre en el café de la Pequeña Silla, donde era muy atendido-, y llegaba al Ministerio a las once, despachando con rapidez los asuntos corrientes. Luego se dedicaba a escribir sobre el magnífico papel del Estado la historia del mariscal de Rais y de Durtal. Corregía y borraba muy poco. La imagen singular, la metáfora brutal, acudían espontáneamente a su pluma. Su estilo hablado era exactamente igual a su estilo escrito, lo que prueba que su manera especialísima y atormentada de expresarse, lo mismo al escribir que al hablar, era un reflejo directo de su carácter inquieto, curioso de todo lo raro, lo inédito, lo imposible. Sin pena alguna reanudaba la frase interrumpida por la entrada en el despacho de un ujier portador de un expediente. Trabajaba con lentitud, poco por día, pero con regularidad. La documentación de sus libros, que parece maravillosa en el primer momento, es realmente muy rudimentaria. Su arte en este género de trabajos puede compararse al del cocinero superior, hábil alquimista que extrae de las hortalizas vulgares y de las carnes ordinarias los alimentos más refinados, las salsas más embriagadoras.

¡Cuán lejos estaba yo entonces de prever su final! Debo confesar, aunque mi perspicacia sufra, que hasta el último momento no tuve idea alguna de la conversión posible de

Huysmans. Yo creía que para él, lo mismo que para mí, el decorado del catolicismo no era más que un decorado. No viendo en la pompa litúrgica más que un método de arte, un ambiente romántico, un arma de guerra contra la fealdad del naturalismo, estaba yo lejos de suponer que bajo el cortinaje de púrpura y oro buscaba Huysmans realidades dogmáticas. ¡Nuestras conversaciones eran tan poco edificantes y tan exentas de religiosidad!...

Ligeramente animado en el café por la copa de *bitter* holandés (su bebida favorita), Huysmans me revelaba una parte de sus gustos y una parte de sus ideas. Aunque le aburría mucho la vida, le vi siempre en estos momentos del humor más alegre. Como yo era un oyente atento, su palabra, de un verdor increíble, pero nunca exaltada, nunca violenta, siempre precisa y colorista, se iba desarrollando con entera confianza. Seguro de la atención de su auditor, dejaba caer gota a gota su desprecio, sus rencores, sus odios, sus ascos, desgarrando à la vez la Iglesia, la literatura, los autores contemporáneos, la juventud posterior, la pintura, la crítica, los periódicos. El verbo de Huysmans era extremadamente crudo. Inventaba, para traducir sus preocupaciones o sus experiencias sexuales, las metáforas más inauditas y más sucias. Sus libros son extremadamente castos comparados con su conversación. En cuanto a sus juicios literarios, eran de una malignidad verdaderamente excesiva y no exentos de rencor.

En aquella época no podía perdonar su éxito a Bourget y Maupassant, que habían sido sus camaradas de juventud, y trazaba sobre su actuación literaria el dibujo más loco, mostrándolos como dos compadres juramentados para lanzarse en el mundo a la conquista de las mujeres.

– Bourget –me afirmaba– las excita, las calienta con su psicología recocida y pútrida, y después llega el otro, el guapo Maupassant, el chulo, y encuentra la mesa puesta y se pone a comer Huysmans empleaba otros términos mucho más pintorescos para explicar este reparto, pero de imposible reproducción. Con verdadero deleite repetía: "Bourget no es más que un zapatero remendón, un apaña-calderos de la novela... ¡Bourget el remendón!... ¡Bourget el estañador!..." ¡Ay! He sabido después que a estos escritores y a otros, escarnecidos por sus palabras, les enviaba voluntariamente en ciertas ocasiones cartas muy amables. Tuve la prueba un día que una de nuestras mejores novelistas me mostró con emoción una carta de Huysmans de las más afectuosas que pueden escribirse. El día antes me había hablado de esta señora en términos horribles, llamándola, no sé por qué, pues es de muy honestas costumbres, "camarera de cervecería" y "judía descarada". Otra escritora era para él "la ahuecadora de colchones"; a otra la apodaba "la colocadora de sanguijuelas". Todo esto por el placer de hacer chistes, de desoxidar un verbo que había estado inactivo veinticuatro horas... Todo sin una verdadera maldad, por puro juego, aguzándose las uñas sobre las reputaciones como su gato favorito se las aguzaba en los sillones y las cortinas de su casa... ¡Qué extraño carácter! Al mismo tiempo que cubría de injurias sobre su vida íntima a uno de sus amigos, le prestaba espontáneamente los servicios más delicados."

Remy de Gourmont, como otros escritores, encuentra a Huysmans muy semejante en sus manías al señor Folantin (su personaje novelesco), preocupado de la falsificación de los alimentos en los *restaurants*.

"Cuando yo le conocí empezaba a ser el Folantin de la Iglesia. Gustaba de enumerar las falsificaciones en las materias sacramentales; se complacía en descubrir los fraudes que corrompen la belleza y la sinceridad de las ceremonias religiosas. Esto le excitaba, hasta el punto de prorrumpir en blasfemias. Con una gravedad de convencido exponía que la mayor parte de las misas resultaban inútiles, por estar el pan y el vino adulterados. Dios se resistiría absolutamente a descender en adelante sobre los altares, asqueado del vino compuesto con alcohol y fuschina y de las hostias fabricadas con fécula de patatas.
¿Era creyente en aquella época? Lo dudo. Pero no diré por esto que haya sido librepensador. Educado cristianamente, guardó siempre un gusto secreto por la religión. Cuando

sus fuerzas decrecieron, cuando los placeres de la vida le fueron medidos, se volvió naturalmente hacia las creencias que le prometían unas alegrías compensadoras de las que empezaban a retirarse de él."

Esto último da tal vez la clave del enigma de la conversión de Huysmans, que tanto preocupó a sus contemporáneos.

Según Gourmont, el novelista creyó durante algún tiempo en el espiritismo. El mismo recogió los comentarios admirativos de su emoción, después de haber presenciado en una velada las maniobras parlantes de un velador.

"Huysmans me demostró, con una gravedad extraordinaria en él, que los espíritus eran los que movían el velador, que la vida de los espíritus resultaba indudable después de esto, y que existiendo los espíritus quedaba probado igualmente, a la vez, la inmortalidad del alma y la existencia de Dios. Yo estaba tan asombrado de sus palabras, que no intenté la menor objeción. Indudablemente, la escena del velador giratorio tuvo una gran influencia en la vuelta de Huysmans al catolicismo. Me habló de esto muchas veces. Había visto a Dios en el velador danzante, como Moisés lo vio en el zarzal ardiendo. Cuando verdaderamente se desean pruebas de lo sobrenatural no es difícil adquirirlas.

Poco después de la tal velada, Huysmans desapareció y ya no le vi más. Luego supe que había vivido algún tiempo en la Trapa. Debo añadir que si Huysmans cesó de verme a su regreso de la Trapa, fue por consejo de algunos que temían la influencia que pudiera ejercer sobre él mi visible escepticismo. Como los sacerdotes se olvidaron de modificar su carácter –lo que hubiese sido difícil –, continuó después de convertido hablando mal, como siempre, de sus contemporáneos, y yo recibí mi parte. ¿Pero a quién ha respetado él? Ni aun a los frailes que le recibieron como oblato en su convento de Ligugé, y a los cuales trataba simplemente de "cochinos" cuando volvió A Paris.

Hasta el último momento fue malo en palabras y bueno en acciones. Este contraste se encuentra muchas veces en los hombres de talento, y especialmente de talento crítico. Pero Huysmans lo llevó hasta un grado que hacía con frecuencia muy penosas sus conversaciones. Sin embargo, en su maledicencia no ponía amargura. Su víctima de hoy era su amigo íntimo del día siguiente, o viceversa. Al despedirse de él después de una larga conversación, hubiera sido oportuno olvidar todas sus palabras."

Hay que hacer una excepción en la maledicencia de Huysmans. Un hombre escapó siempre a este denigramiento que era en él casi maquinal: Emilio Zola. Cuando convertido al catolicismo atacó con una furia de fanático a los escritores alejados de la Iglesia, su pluma y su palabra respetaron siempre al antiguo compañero y maestro.

Al publicar Zola *Lourdes*, el violento Huysmans escribió una apología de la famosa Virgen y sus milagros, pero sin el más leve insulto contra el gran novelista.

Es más: declaró que Zola era superior por su talento a todos los escritores católicos dedicados a ensalzar la milagrosa imagen.

* * *

En *Allá lejos* apunta ya la tendencia de Huysmans à hacerse católico.

Allá lejos es una novela horripilante a primera vista. Parece como que el autor ha querido asustar a los lectores amontonando sacrilegios, diablismos y blasfemias. Se cuentan en ella cosas monstruosas con un estilo admirable, pero con una crudeza naturalista: las locuras libidinosas del mariscal Gil de Rais, personaje histórico que dio lugar a la leyenda de Barba Azul; las voluptuosidades sacrílegas del Satanismo; los atentados carnales de Incubos y Súcubos; los libertinajes blasfematorios de la Misa Negra.

Y sin embargo, *Allá lejos* es un libro moral; o mejor dicho, su autor saca de todos estos horrores una consecuencia moralizadora, exaltando la fe sencilla del pueblo en la Edad Media sobre el materialismo escéptico de la burguesía presente.

Además, esta novela, escrita en honor de Satán, sirve para que Huysmans vaya aproximándose a Dios. ¡Extraña manera de convertirse!... El nuevo creyente, para llegar al cielo, tuerce con violencia su camino, pasando antes por el infierno. Al final del libro resume sus ideas, valiéndose de uno de sus personajes:

– Puesto que el Diablo existe, es preciso creer en Dios y rezar.

Y a continuación se indigna contra el clero, contra los vulgares "sotaneros" (palabra suya), que viven faltos de fervor, como si ejerciesen una profesión laica.

El católico anticlerical de las futuras "novelas de la conversión" asoma ya en las últimas páginas de *Allá lejos*.

El gran artista, el inimitable descriptor, el orfebre maravilloso de las palabras nuevas, luminosas y exactas, reina desde el principio al final del libro.

¡Qué asombrosa resurrección la del castillo de Tiffauges, con sus salones de pesado lujo feudal, sus canónigos, sus cantores, sus hombres de armas!... Pocas veces ha sido evocada la Edad Media con tanta exactitud y tanto color. Las monstruosidades del compañero de Juana de Arco las pinta con una verdad naturalista que impresiona al lector más indiferente. ¿Y los delirios del mariscal en el paroxismo de su locura erótica?... La descripción nocturna de la selva, que toma en la obscuridad formas lascivas, asemejándose los árboles a falos gigantescos roídos por vergonzosas enfermedades, está ya consagrada como una de las páginas más originales y vigorosas de la literatura moderna.

Además, hay el relato de los encuentros carnales del frio Durtal con la incandescente señora de Chantelouve, la de "los ojos humosos", maravilla de exactitud naturalista; y las travesuras descaradas y grotescas del incubaje y el sucubaje; y la figura sombría, rabiosamente satánica, del canónigo Docre; y la descripción de la Misa Negra, que, hecha por otro que no fuese Huysmans, tal vez sería ridícula, pero pintada por su pluma estremece hasta al más escéptico, a causa de su grandeza blasfematoria.

En resumen: *Allá lejos* es una hermosa novela, digna de su autor, uno de los más potentes artistas literarios de nuestro tiempo, pero no puede dejarse en todas las manos.

* * *

Sus "novelas de la conversión" fueron *En marcha*, *La catedral* y *El oblato*.

Hay que decir que Huysmans se mostró tan extraordinario y original en esta conversión como en toda su vida anterior.

En realidad, no se hizo católico. El catolicismo le parecía algo fácil y vulgar, una religión para burgueses, para gentes ordinarias y de corta mentalidad. Quiso ser místico, por considerar el misticismo una aristocracia espiritualista, separada de la inmensa muchedumbre de los creyentes rutinarios y dormidos, como lo está un Estado Mayor de las masas de soldados automáticos y sin pensamiento.

El sacerdote mezclado en la vida ordinaria, el vicario de parroquia, tampoco mereció sus simpatías. Abominaba de los "sotaneros", lo mismo que un anticlerical. El héroe para él fue el fraile, el solitario contemplativo entregado a la meditación y a la plegaria.

Sus gustos de artista le hicieron admirar con predilección la religiosidad de la Edad Media. En los siglos posteriores todo era para él fraude, vulgaridad y fealdad. En la liturgia no admitía otra música que la del canto llano, al que dedicó las páginas más inspiradas de sus novelas de convertido.

El órgano fue el único instrumento que pudo aceptar, aunque con sobriedad. Las orquestas en las iglesias le hacían rugir de indignación. Sus crudezas de naturalista resucitaron para insultar a célebres compositores modernos que han escrito música para los templos. A Gounod y a Massenet, en una de sus novelas católicas, les llama "músicos de agua de bidé".

La carencia de gusto artístico de los clérigos, el decorado recargado de las iglesias, el lujo barato e industrial de la moderna liturgia, excitan sus nervios y le hacen derramar anatemas sobre el clero ordinario. "Por sus culpas contra el arte y la belleza religiosa –clama este convertido originalí-simo–, Dios castiga a los sacerdotes negándoles todo talento, hasta el punto de que la inteligencia hay que ir a buscarla siempre en los incrédulos."

A los predicadores famosos de París, que atraen la muchedumbre femenil, devota y elegante, les llama "cómicos" y "tenores", burlándose de su palabrería meliflua.

Huysmans sólo encuentra la verdadera religión en las solitarias iglesias de los monasterios, escuchando los cánticos de la comunidad masculina, reunida en el coro con sobrias vestiduras medioevales, o de las monjas, apenas visibles a través de las celosías.

Sus distinciones llegaron hasta el cielo, estableciendo castas entre los bienaventurados. Se adivina su falta de interés por los santos famosos. A él sólo le emocionan los místicos que escribieron, o los grandes abnegados que, en su desprecio à las miserias terrestres, alcanzaron los últimos límites de la suciedad.

A San Juan de la Cruz lo ama con un fervor más literario que religioso. Santa Teresa es para Huysmans el gran lirio de la mística, pero un lirio castellano, duro y cortante como un arma de combate. Sus frescos colores son pintados. El lirio es interiormente de hierro forjado a martillo, lo mismo que una espada. Admira a estos dos santos españoles, pero sus simpatías son para los bienaventurados humildes y doloridos que vivieron entre la oración y la basura. Sus gustos de autor naturalista familiarizado con las miserias humanas se exaltan al describir las enfermedades de estos santos. Escribió con entusiasmo un grueso volumen, la *Vida de Santa Lydiwina de Schiedam*, joven milagrosa que tenía llagas y costras en todo el cuerpo y se caía poco a poco en pedazos. Otra santa italiana le infunde no menos admiración porque su mayor placer era lavar las úlceras de los leprosos, bebiéndose después el agua cargada de pus, como un acto de humildad.

En sus tres "novelas de la conversión" abarcó las materias que más interesaban a su catolicismo de artista. *En marcha* es la novela de la mística; *La catedral*, la novela de la simbólica; y *El oblato*, la de la liturgia.

En realidad, ninguna de las tres merece su título de novela. Durtal, el héroe de esta trilogía, es el mismo Huysmans, que cuenta lentamente en el libro *En marcha* cómo se convirtió. Luego, en *La catedral*, se extiende interminablemente sobre el simbolismo de la arquitectura religiosa, y finalmente, en *El oblato*, describe el antiguo culto cristiano, modificado en las iglesias vulgares y que sólo se conserva escrupulosamente en algunos conventos.

Están escritos los tres libros con el estilo original y vigoroso de Huysmans, y tienen algunas descripciones dignas de su antigua pluma de naturalista. Hay que advertir que el Huyamans devoto nunca renegó de su origen literario. Cuando le alababan sus pinturas de la vida conventual y ciertos retratos velazqueños de monjes, contestaba como en los tiempos de Medán: "He hecho eso empleando el único método bueno: el método naturalista." Pero aparte de estos fragmentos, ¡qué pesadez la de los tres libros, densos e interminables! Se necesita una gran dosis de curiosidad y un vivo interés por el autor para poder llegar hasta el fin. Uno especialmente, *La catedral*, resulta interminable. Los más entusiastas de Huysmans reconocen que la procesión en las calles de Chartres es lo único que respira y vive en este libro anonadador por su documentación laboriosa y aplastante.

En marcha, primero de la trilogía y anunciador de la conversión del novelista, fue el único que obtuvo un gran éxito de venta. El público quiso conocer las etapas de esta vuelta ruidosa al catolicismo de un discípulo de Zola. Además, Huysmans, por un deseo de verdad y de exacta documentación, mezcla ingenuamente en este volumen, con el misticismo naciente, varias imágenes licenciosas dignas de *Allá lejos* y de *Al revés*. El demonio de la lujuria le domina aún y perturba sus actos de devoto. Cuando Durtal reza en una iglesia se entretiene al mismo tiempo en arremangarle las faldas con la imaginación a una hermana de la Caridad que está de rodillas delante de él. Otra tarde, en mitad de sus oraciones, se acuerda de que en una callejuela inmediata a la iglesia vive una amiga de las que hacen su comercio nocturno paseando por las aceras, una abastecedora de placer, que por diez francos ofrece cosas extraordinarias fuera de lo corriente. Y Durtal olvida a Dios para trotar como un cerdo hacia la femenil pocilga. Al fin, Huysmans (o sea Durtal) acaba por vencer, dominar y anonadar las terribles tentaciones de la carne; pero uno se queda en la duda de si realmente la lujuria ha sido expulsada por la virtud religiosa, o si se ha alejado desdeñosamente, por su propia voluntad, de un cuerpo enfermo y agotado por los desórdenes.

La catedral obtuvo menos éxito, y *El oblato* apenas si llamó la atención. El gran público, ansioso de novedad, habla tenido bastante con *En marcha*. Por otra parte, los intelectuales se sentían fatigados de la nota monótona del Huysmans convertido y los católicos experimentaban una inquietud explicable ante este neófito agresivo que traía a su comunión los procedimientos del naturalismo. El antiguo lobo deseaba ser oveja, conservando con felicidad y hasta con orgullo su nueva y humilde piel; pero no permitía que le arrancasen los colmillos y le limasen las zarpas.

Todos los convertidos reniegan de su origen, lamentan su pasado, desautorizan sus propias obras. Huysmans no hizo nada de esto. Ninguna de sus antiguas novelas mereció su reprobación. Al contrario, las reimprimió siempre que fue necesario, pretendiendo explicarlas y adaptarlas a sus ideas presentes. Hasta puso un prólogo justificativo a su novela *Al revés*, el más libertino y extravagante de todos sus libros.

Escritor antes que creyente, no reconocía a la religión el derecho de vida y muerte sobre sus obras.

* * *

Durante muchos meses vivió en una casita situada enfrente de la abadía de los benedictinos de Ligugé, cerca de Poitiers. En esta casita, que él llamaba de la Virgen, y à la que había llevado sus libros y su mobiliario de París, se preparó en 1899 a hacer su profesión de oblato. El oblato es un laico que vive en las afueras del convento, pero debe asistir a todos los oficios de la comunidad. Hubo un instante en que pensó hacer completa vida claustral, pero esto le sometía a la censura de los superiores del convento, y él, como escritor, consideraba insoportable tal obligación.

Aparte de sus conversaciones con los benedictinos que veía todos los días en el monasterio o le visitaban en su casita, Huysmans se aburrió mucho en esta soledad campestre. Sentía la nostalgia, no de París, sino de la orilla izquierda del Sena, del Barrio Latino y el barrio de San Sulpicio, de los muelles fluviales, con sus libreros de viejo que alinean las cajas de volúmenes sobre los parapetos.

– ¡Si al menos encontrase yo sus cajas en las orillas del Clain! –decía el novelista. (El Clain es un pequeño río que pasa ante la abadía de Ligugé.)

Además, Huysmans, con su carácter inmodificable, odiaba a los campesinos, a los hidalgos de la comarca, y éstos, refractarios a los forasteros, le devolvían con creces su aversión. Por otra parte, el novelista abominaba de los encantos de la campiña. Llamaba a los pájaros "cargantes" y los ardores del sol le exasperaban.

Para evitarse los tedios de su soledad, el oblato invitó a varios amigos de "la orilla izquierda" a que compartiesen de vez en cuando su retiro. Luciano Descaves, que tiene poco de religioso, fue à pasar una temporada con el maestro. Al apuntar el alba le despertaban las campanas del monasterio y volvía a dormirse viendo a través de los visillos cómo Huysmans salía de la casa con el libro de oraciones bajo el brazo, y atravesando un descampado entraba en la abadía para unir su voz al coro de los benedictinos.

"Después de la gran misa –añade Descaves– regresaba a su casita y emprendía largas conversaciones con nosotros. Rara vez hablaba de religión. El espíritu de proselitismo sólo estaba en sus libros."

Las congregaciones religiosas fueron disueltas por la República. Los monjes de Ligugé tomaron en Febrero de 1901 el camino del destierro, yendo a establecerse en Bélgica; y el oblato, al verse solo ante la abadía cerrada, teniendo que luchar con la rústica animadversión, regresó a París seis meses después, yendo a instalarse, como siempre, en la orilla izquierda del Sena.

Su situación económica era algo angustiosa. La liquidación de sus derechos pasivos resultaba mezquina. Como subjefe jubilado sólo percibía 2.880 francos anuales: menos que un jornal de bracero parisién. Contaba además con su remuneración de individuo de la Academia Goncourt: 6.000 francos por año. Pero los herederos de Edmundo

Goncourt pleiteaban, no queriendo reconocer esta fundación de su pariente, y la instauración de la Academia se iba prorrogando.

Al fin, gracias a las gestiones de Raimundo Poincaré, abogado que sostenía la causa de los escritores, la Academia Goncourt fue reconocida como de utilidad pública en 1903, entrando en posesión de las rentas legadas por su fundador. El primer acto de los nueve novelistas que formaban con Huysmans la Academia fue nombrar a éste presidente.

Con su jubilación, su sueldo de académico y la venta de sus libros pudo por primera vez en toda su existencia vivir tranquilamente, sin que le inquietase el porvenir. Por primera vez también salió de Francia, haciendo un viaje de algunos meses a través de Suiza, Alemania y Bélgica.

Pero al crearse una situación estable sintió los pasos de la muerte. Un cáncer horrible comenzó a roer su garganta. El pobre Huysmans, como los protagonistas de sus novelas, comió siempre en los *restaurants* y buscó el amor en los encuentros de la calle, viviendo sometido a las fatales consecuencias de la falsificación y del envenenamiento. La sífilis, descrita por él con una grandiosidad apocalíptica en *Al revés*, resurgió traidoramente a la hora del descanso y la cordura, cuando se creía libre para siempre de la esclavitud y las miserias de la carne.

Su muerte fue lenta: un verdadero martirio.

Descaves, el compañero fiel de los últimos meses, nos ha dicho su verdadera situación intelectual antes de abandonar la vida.

"Una vez publicado *El oblato*, Huysmans se encontraba, como novelista, lo mismo que cuando terminó *Al revés*: al final de un callejón sin salida. El cielo, que él consideraba como un lago inagotable, se había secado para él. No había ya qué escribir sobre el misticismo y la religión. Se vio lo mismo que al abandonar la escuela naturalista... Le quedaba el recurso de buscar impresiones, de observar, de viajar; pero él se mostraba refractario a los viajes, aunque fuesen en *sleeping*, o sobre todo si eran en *sleeping*. Del gato, su animal favorito, tenía el amor a la casa, el quietismo friolento, y se divertía con los catálogos de libreros y editores como su gato favorito jugaba silenciosamente con un ovillo de hilo. ¿Qué podía hacer?... En la última etapa de su existencia iba a quedar reducido a escribir monografías o estudios de arte. Se encontraba como veinte años antes al separarse del naturalismo, sin argumento y a la espera de un libro, con la paciencia de un cazador. Se veía sin ocupación, condenado a revolotear entre vagos ensueños. La vida meditaba su venganza, tendiendo hacia su viejo detractor todos los frutos que había hecho voto de no coger.
Esta cruel tentación le fue evitada por la muerte. El escritor se tendió, para agonizar, de cara al muro del fondo, que

volvía a cerrarle el paso. Ahora ya no podía retroceder buscando un nuevo camino.

Se apartó de nosotros como un buen obrero que ordena sus herramientas y dice adiós al taller al que no volverá nunca. Había trabajado bien, dando ejemplo de una probidad que cada vez es más rara. El enseñó el precio de la frase bien escrita y del verbo generador que resalta sobre todas las palabras, como el morueco sobrepasa con sus cuernos el rebaño movedizo.

Amaba a los humildes y menospreciaba el dinero. El que le producían sus escritos se olvidaba muchas veces de cobrarlo. Su lujo consistía en reunir los domingos en torno de su mesa a unos pocos amigos, ante los cuales se desvanecían sus desconfianzas. Estas desconfianzas resultaban singulares. A lo mejor se entregaba sin reservas a un *reporter* indiscreto o a un desconocido, y en cambio trataba con reserva a un amigo fiel y desinteresado. Por eso muchos le creyeron envidioso, amargo, sombrío y lleno de orgullo... Sabía observar bien la naturaleza humana, pero no siempre llegaba a penetrarla. Habla contraído, entre las paredes de su habitación y ante el espejo frontero a su mesa, la miopía de los grandes felinos encerrados en una jaula. No desdeñaba el homenaje, y llevaba un registro de todo lo que se escribía sobre él. En la conversación familiar empleaba voluntariamente las mismas palabras crudas y gordas del tío Vatard, el padre de las dos hermanas de su novela, guapo parisién que le inspiraba la mayor indulgencia. No sentía odio contra nadie, pero era incapaz de piedad con los grafómanos, con los desperdiciadores de tinta, con los falsos artistas, y más aún con los profesores, cuya crítica intempestiva hace pensar en el apresuramiento de un vidriero que acude adonde no le llaman"

* * *

Huysmans mostró en su larga agonía una serenidad edificante.

Sus amigos le encontraban con el cuello envuelto en vendajes y el cigarrillo en la boca, resignado a la muerte, con la misma resignación que había mostrado ante la vida.

Metódico hasta el último momento, hizo el inventario de sus libros y muebles, quemó sus papeles inútiles o indiscretos, arregló la publicación de su libro póstumo, *Tres iglesias*. Él mismo escribió su esquela mortuoria, y dispuso que lo enterrasen con un hábito de benedictino que le enviaron desde Bélgica los antiguos monjes de la abadía de Ligugé.

Huysmans se extinguió a las siete de la tarde de un domingo, el 12 de Mayo de 1907. Sus amigos le habían dejado media hora antes con el cigarrillo entre los dedos, afectuoso, esforzándose por mantener su sonrisa...

* * *

El novelista hacía alarde de aborrecer a las mujeres.

46

Nunca las conoció.

A pesar de su juventud libertina, se fue del mundo sin otras experiencias amorosas que sus brutales goces con las peripatéticas del placer escogidas al azar de un cruzamiento en la calle. Todas sus relaciones fueron con hembras. Jamás encontró a una mujer.

¡Pobre Huysmans!

Solterón de poco dinero, condenado a los *restaurants* baratos, despreció los grandes refinamientos culinarios por lo mismo que los ignoraba. Su entusiasmo fue para la comida casera, la comida de familia, lo que pudo entrever de vez en cuando al ser invitado por un matrimonio amigo. En todas sus novelas hay alguna descripción entusiástica de platos domésticos. En *Allá lejos*, el puchero guisado por la campanera de San Sulpicio lo describe como algo sublime.

Con la mujer hizo lo mismo que con la comida refinada: la aborreció porque nunca se puso a su alcance. La señora era para él un animal desconocido y misterioso que le infundía miedo, y su timidez se disfrazaba con bravatas y frases de desprecio.

Las mujeres que escriben le inspiraron las más atroces burlas. Siendo presidente de la Academia Goncourt, la mayor parte de los académicos pretendieron premiar una de las primeras novelas de Myriam Harry. Huysmans conocía el libro, lo había elogiado mucho a sus compañeros, pero se opuso con indignación a esta recompensa:

– ¡Premiar a una mujer!... Si entran aquí mujeres, se acabó la Academia. La literatura es para hombres.

Myriam Harry, al recordar los primeros años de su vida en Paris, ha descrito su amistad con el maestro, levantando una punta del velo que envolvió siempre a esta alma enigmática, contradictoria, atormentada.

Cuando la hija de Jerusalén se estableció en Francia, quiso conocer a los escritores de su predilección, y Huysmans fue de los primeros.

Una correspondencia interesante se estableció entre ella y el oblato, instalado en su casita frente a la abadía de Ligugé. Como le habían dicho a Myriam Harry que Huysmans odiaba a las escritoras, ocultó en las cartas su calidad femenina, y al enviarle su primera novela, *Las mujercitas*, dio a entender que su nombre era un seudónimo.

Un día recibió un aviso del maestro, que acababa de regresar a París, instalándose en su amada orilla izquierda.

"Venga a verme –le decía–; todas las tardes me encontrará a las cuatro. He vuelto con un alma lluviosa. Traiga paraguas espirituales para abrigarse."

La principiante tembló al subir las escaleras de la vieja casa. ¿Qué diría el terrible maestro al enterarse de que no era un hombre?... Muy emocionada, se dejó caer en un sillón.

– ¿Me perdona usted que sea una mujer? –preguntó con inquietud.

– Sí –contestó riendo Huysmans–, ya que la cosa no tiene remedio.

Desde entonces, una profunda y noble amistad unió a la joven escritora y al gran novelista agonizante. Pasaron juntos largas tardes de conversación, y Myriam Harry conoció todas las incertidumbres de Huysmans, sus opiniones a la vez religiosas y anticlericales, sus gustos por el arte cristiano verdaderamente puro, sus altos pensamientos, que resultaban algunas veces de una originalidad desconcertante.

Un anochecer, pocas semanas antes de morir el maestro, hablaron del amor; y esta vez fue ella sola la que habló, con todos los entusiasmos de la juventud y del idealismo femenil, escuchándola Huysmans en silencio.

Las primeras sombras empezaban a flotar en la habitación. Lucían en la penumbra los lomos de oro de las encuadernaciones y el esmalte de las porcelanas de Delft. De pronto brillaron también en las mejillas de cera del moribundo dos gruesas lágrimas que descendían lentamente.

Ella se puso de pie, alarmada, mientras él iba doblando la frente sobre la mesa de trabajo, hasta ocultarla entre sus manos.

Resonó en el silencio crepuscular el largo sollozo de Huysmans.

Lloraba el amor, lloraba la mujer, lloraba todas las cosas de que creía morir harto y que no había conocido nunca.

HUYSMANS Y EL FIN DE SIGLO HISPÁNICO: UN APUNTE

Julia Amezúa

A seguir la huella del escritor francés J.-K. Huysmans (1848-1907) en la literatura hispánica no se ha dedicado mucha atención. Sí hay estudios sobre la recepción de Huysmans en la literatura hispanoamericana (Gutiérrez Girardot, Grass o Juan),[1] pero no existen en lo que a la literatura española se refiere. Las siguientes paginas son algunos "apuntes" que manifiestan que ese influjo existió, que Huysmans fue un autor conocido entre los literatos hispánicos, aunque con la dificultad que entrañaba traducir a un verdadero orfebre del lenguaje y por ello comprender al autor decadente de *À Rebours*; en 1925, Rafael Cansinos-Asséns (1883-1964) escribe estas palabras que, aunque se refieren a la poesía española, podemos aplicar a la recepción de la novela decadente:

Porque es lo más notable que sólo por las burlas temerarias de los enemigos es conocida al principio esa literatura, que ya se ha dado en llamar modernista. Ninguno de los que al principio siguen esa tendencia conoce las obras de los maestros de las nuevas escuelas: parnasiana, simbolista, decadente, etc., que brillan englobadas en la nébula de oro de la moderna orientación. Ni Mallarmé (hermético e inaccesible por las diminutas tiradas), ni Baudelaire están traducidos todavía. Verlaine no será traducido hasta más tarde por Manuel Machado. Nuestros poetas no saben francés –viven en la tradicional estrechez que no consiente la adquisición de libros raros. Y es a través de estas traducciones malintencionadas y de una exagerada obscuridad como vislumbran la lejana belleza que para ellos acaba de nacer.[2]

La escasez de estudios dedicados a Huysmans en España contrasta con la importancia que se le ha concedido en otros países europeos. El clásico estudio de Michael Issacharoff, *J.-K. Huysmans devant la critique en France* (1874-1960)[3] que recoge el eco de la producción literaria de Huysmans en el extranjero, esta ampliado por otros estudios como los que se han realizado en Alemania, Austria,[4] Italia[5] e Inglaterra; en España, *À Rebours* es conocido antes de ser traducido, en 1922, gracias a *The Picture of Dorian Gray* (1891), de Oscar Wilde (1854-1900): el "libro con cubierta en papel amarillo", que lord Henry proporcionara a Dorian Gray, es la novela francesa, así como el capítulo 11 de la novela inglesa es un recorrido de *À Rebours*.[6]

Los escritores modernistas españoles probablemente han leído las obras de Huysmans en francés porque la primera traducción conocida –hasta la fecha– de À *Rebours* es la de 1919, de la Editorial Prometeo en Valencia.

En Bruselas, en 1886-87, aparecen publicados los "Apuntes sobre el nuevo arte de escribir novelas" de Juan Valera (1824-1905), con el fin de refutar el naturalismo;[7] en ellos el crítico español se refiere al importante impacto de la literatura francesa de la época en España, aunque, para Valera, ese influjo es excesivo ya que introduce aspectos que considera defectuosos e inmediatamente después de elogiar la lengua y literatura francesas no se ahorra la crítica; Valera quiere desprestigiar el naturalismo francés y detener los alardes naturalistas de la Pardo Bazán.

La referencia de Valera en los "Apuntes" a Huysmans –después de los párrafos que dedica a Zola– es al autor naturalista, discípulo de Zola, miembro del Grupo de Médan y alude a su novela *Marta* (1876),[8] la primera novela naturalista de Huysmans. Es pronto aún para referirse al autor decadente:

Otro discípulo de Zola, Huysmans, va, en cierto modo, más allá todavía. Zola, en el entusiástico elogio que hace de él, llega a afirmar que su libro hiede. "¡El medio! ¡Qué tremendo hedor el de este medio! ¡Con qué espantosa intensidad está pintado!"[9]

El escritor guatemalteco Enrique Gómez Carrillo (1873-1927) es uno de los primeros introductores de Huysmans en España,[10] como lo es de la literatura francesa coetánea que conoce directamente. Jacinto Octavio Picón (1852-1923), en el prólogo al libro de Gómez Carrillo, *Literatura extranjera*, fechado en Madrid en octubre de 1894, escribe:

> ¿Quiere V. saber mi opinión acerca de Literatura Extranjera? Pues usando frases cursis por lo vulgares, pero que ahora son justas, le diré que ha llenado V. un vacío y que presta un servicio a sus compañeros. Lo primero, porque, hoy por hoy, nos preocupa muy poco lo que se escribe fuera de España, sin que casi nadie se cuide de estudiarlo; y lo segundo, porque para abrirnos las ganas de conocerlo, era preciso que se nos presentara en la forma variada, agradable y amena en que V. lo ha hecho.[11]

Para Gómez Carrillo, Huysmans es el creador del famoso héroe de la novela decadente francesa, prototipo de personaje decadente de la literatura europea, el duque Jean des Esseintes:

> Ahora casi todos tenemos algo de des Esseintes. Nos gustan las coloraciones raras; nos seducen las orquídeas que parecen flores artificiales, y nos encantan los perfumes enervantes. A los poetas malsanos que, como Mario Víctor y Paulino

de Pella representan el último grado de la decadencia latina, los leemos con entusiasmos en traducciones que no han sido hechas por un profesor de retórica...[12]

En "Los breviarios de la decadencia parisiense", del año 1902, Gómez Carrillo se refiere a des Esseintes como personaje que reúne en sí a todos los héroes de la nueva literatura.

El protagonista de *À Rebours* los suma y los compendia. Es la encarnación épica de lo artificial, de lo malsano, de lo raro, de lo refinado, de lo extravagante. Es, según Lemaître, un René del fin del siglo XIX, un René cuyo mal se ha agravado notablemente, modificándose en el espacio de ochenta años. Su enfermedad –más compleja que la de Noël Servaise, más grave que la de Charles Demailly– es disolvente y se llama: "cansancio de lo natural". En él, la vida y la literatura se confunden; los gustos artísticos corresponden a sus aficiones culinarias; las antipatías intelectuales obedecen al estado del estómago.

Del conocimiento de Gómez Carrillo de Huysmans, se pueden aportar muchos más datos que dejaremos para otra ocasión; son suficientes las referencias anteriores por lo que apuntan de interés del autor hispanoamericano en el autor francés, que, sin duda, trasladaría a los círculos literarios madrileños –a los círculos de autores españoles que pasaban por Paris y tenían con él un encuentro inevitable.

Emilia Pardo Bazán (1852-1921), lectora voraz y mujer cosmopolita, gran conocedora de la literatura francesa,[13] visita en 1884 la Exposición Universal de París, de la cual produce una serie de crónicas que envia a *El Imparcial*. En sus frecuentes viajes a Paris, entra en contacto con el mundo intelectual francés y es en el "desván" de Edmond de Goncourt donde conoce a Huysmans, entre otros novelistas franceses. El Huysmans que encuentra Pardo Bazán es el joven autor naturalista, discípulo de Zola.[14]

En carta del 12 de octubre de 1886, fechada en La Coruña y dirigida al escritor catalán Narcís Oller (1846-1930), menciona que:

En España creo ser una de las pocas personas que tienen la cabeza para mirar lo que pasa en el extranjero. Aquí, a nuestro modo, somos tan petulantes como pueden ser los franceses, y nos figuramos que más allá del Ateneo y de San Jerónimo no hay pensamiento ni vida estética: ¡error peregrino cuya enormidad nos asusta así que atravesamos el Pirineo!...

Cierta crítica ha comparado algunas novelas de Pardo Bazán con *À Rebours* de Huysmans; es el caso de Darío Villanueva que en *El polen de ideas* pretende ver algunos de los rasgos del héroe francés en el personaje Julián de *Los Pazos de Ulloa*[15] el caso de las relaciones de La Quimera con la novela francesa, estudiado por Whitaker.[16]

A Ramón Gómez de la Serna (1888-1963) le interesaba el Huysmans decadente que en el período final de su vida se convierte al catolicismo; escribe en el capítulo II de *Morbideces* (1908) que "Leyendo los primeros libros de Huysmans se comprende su conversión".[17] Hay en Gómez de la Serna presencia del escritor francés en los retratos o efigies de tres grandes artistas del fin de siglo, importantes puntos de referencia en el hombre/artista Huysmans: Baudelaire, Barbey d'Aurevilly y Villiers de l'Isle-Adam.[18]

En "El desgarrado Baudelaire", Ramón hace una lectura del decadente Huysmans convertido al catolicismo que no difiere de la línea en la que están Baudelaire, Barbey, Hello, Villiers, Verlaine y Bloy: "Cree en el pecado original y, como dice Rodenbach en *L'élite*, es el denunciador del pecado".[19] En el "Retrato del gran mariscal Barbey d'Aurevilly", aparece Huysmans como una sombra en el momento en que se celebran los funerales por la muerte de Barbey, en la Iglesia de Saint-François Xavier:

Aunque no se pudo evitar que asistiesen más de doscientas personas, entre las que figuraban Bloy, Claudel, Richepin, Huysmans, Raffaëlli, madame Musset, etc., etc., todas gentes de condición, que, al reunirse en el atrio de la iglesia al salir, decidieron pedir que el Ayuntamiento pusiese el nombre de Barbey d'Aurevilly a la calle que se llamaba Rousselet, en recuerdo de un desconocido".[20]

La misma discreta presencia de Huysmans se percibe en el "Retrato del conde Villiers de l'Isle-Adam", a pesar de la importancia que tuvo el escritor en los últimos momentos de la vida de Villiers:

Villiers llega un momento en que chochea.

Ya no solo arrastra su vida, sino que se arrastra él mismo, y a la Exposición Universal se hace conducir en un cochecito de mano.

Es ésa una de sus últimas salidas. Pronto le tienen que trasladar al convento-hospital de los hermanos de San Juan de Dios. Allí la gravedad de su mal se precipita, y algunos amigos, Huysmans a la cabeza, se deciden a casarle con su fiel compañera María Dantine...".[21]

El tópico del escritor decadente de fin de siglo que se convierte al catolicismo lo repite Rafael Cansinos-Asséns en *La nueva literatura*.[22] Como muchos escritores franceses neocristianos del fin de siglo, Huysmans se convierte al catolicismo en el último período de su vida y este acontecimiento le sirve a Cansinos como punto de referencia para definir al escritor español Valle-Inclán como "pagano a lo D'Annunzio, cristiano por la belleza a lo Huysmans...".[23]

La referencia vuelve a aparecer en la mención que hace Cansinos del escritor Goy de Silva:

...este raro escritor posee el sentido místico de las palabras, el secreto del lenguaje simbólico, y su preciosismo responde, no tanto al anhelo de la belleza literal como al de su valor hermenéutico. En este punto se asemeja a Huysmans y a los escritores neo-cristianos, entre los cuales figura nuestro Valle-Inclán.[24]

Pero en otra ocasión, Cansinos considera a Huysmans el escritor decadente perverso, asociado a otros decadentes coetáneos, en el periodo anterior a su conversión; así está presente en la alusión a González Ruano en *La novela de un literato*: "...todo en él es pose, literatura vieja y corrompida, Huysmans, el caballero Casanova, Baudelaire, Gómez Carrillo... D'Annunzio...".[25]

Tanto Valera, como Gómez Carrillo, Pardo Bazán, Gómez de la Serna y Cansinos-Asséns, conocían a Huysmans, aunque desde diferentes aspectos: el "Huysmans" naturalista discípulo de Zola que conoce Valera, el "Huysmans/des Esseintes" para el más parisiense de todos los escritores hispanos –Gómez Carrillo–, el "Huysmans" naturalista amigo de Goncourt para Pardo Bazán y el "Huysmans" decadente que se convierte al catolicismo, provocando un escándalo en los círculos literarios finiseculares, para Ramón y Cansinos-Asséns. Si está presente Huysmans en la literatura española, pero para percibir su influjo, faltan aún muchas más investigaciones y estudiar la historia de las traducciones y ediciones de sus novelas en España.

La historia de las ediciones de *À Rebours* en España comienza en 1919, de la mano de Vicente Blasco Ibáñez (1867-1928). En el tomo XIII de la colección "La Novela Literaria", que dirigía el autor valenciano, editada por la editorial Prometeo en Valencia,[26] aparece la primera traducción conocida hasta la fecha de la novela decadente de Huysmans.

La Editorial Prometeo es una de las escasas editoriales con éxito en la época fuera de Madrid y Barcelona, que son los centros neurálgicos del mundo de la edición en las tres primeras décadas del siglo XX.[27] Blasco Ibáñez, director de la editorial, fomenta la traducción de novelas, la mayoría francesas, de las que compone el prefacio crítico y biográfico; en esta línea se traduce a Daudet, Maupassant, Zola, France, Huysmans, Louys, Bourget... Sobre la empresa de Blasco Ibáñez, escribió Camille Mauclair:

Las ideas del público español se reforman sin cesar por la propaganda entusiasta de escritores como Gómez Carrillo y Blasco Ibáñez, unidos por la amistad con los nuestros, atestiguando con verdad y simpatía el valor exacto de nuestro espíritu de familia, de nuestros gustos, de nuestros talentos".[28]

La traducción de *À Rebours* fue realizada por Germán Gómez de la Mata[29] y lleva el título de *Al Revés*. El prólogo lo escribe Blasco Ibáñez y lo firma en Paris, en noviembre de 1918; en él presenta un amplio panorama de las etapas vitales y artísticas de Huysmans.[30] La primera dificultad que encuentra Blasco para la comprensión de las obras de Huysmans es la enorme documentación del autor francés, manifiesta en la complejidad de sus textos y en su estilo difícil.

El prólogo se nutre de anécdotas de la vida de Huysmans extraídas de los testimonios de personajes como Descaves, la propia autobiografía de Huysmans firmada como A. Meunier, Remy de Gourmont y "otros que le conocieron íntimamente".[31] Blasco dedica varias páginas a mostrar la crítica de Huysmans a la pintura de Millet;[32] estudia las obras de Huysmans, sus principales características, edición y argumento. Se detiene en la semblanza que hace de Huysmans Rémy de Gourmont, relata el primer encuentro entre ambos y los atisbos de la conversión de Huysmans al catolicismo. Blasco subraya una de las características que se ha convertido ya en un tópico al hablar de la personalidad del autor francés: su modo de ser agrio, su lengua procaz y su "veneración" por el antiguo maestro Emilio Zola. Sin embargo, el autor español parece confuso cuando reflexiona sobre su propia concepción de *À Rebours*, aunque reconoce en esta novela "la más extraña y original de sus obras".[33] No menciona el término "decadentismo" para cali-ficarla, pero manifiesta que esta novela no pertenece al Naturalismo: "Esta novela, si no marcó la ruptura comple-ta de su autor con el naturalismo, reveló a lo menos una curiosidad vehemente por otra cosa",[34] aunque, en su opi-nión, Huysmans ignoraba lo que hacía cuando escribió *À Rebours*. Justifica el título elegido para traducir "à rebours' como "al revés" y acepta la traducción de "a contrapelo":

À Rebours puede traducirse *Al revés*, pero también significa "*A contrapelo*". Y efectivamente, Des Esseintes acaricia la vida a contrapelo, haciendo todo lo contrario de lo que hacen sus semejantes, poniendo en tortura su imaginación para corre-gir a la realidad, sustituyendo lo natural con lo artificial".[35]

Sí emplea Blasco Ibáñez la palabra "decadencia" cuando se refiere al desprecio que Huysmans tiene por los autores latinos famosos "para ensalzar en cambio a poetas de la decadencia, poco conocidos".[36] Destaca las reacciones histéricas de la crítica oficial, los Lemaître, Sarcey, Brune-tière y otros que no precisa. Y resalta de *À Rebours*, en general, las paginas magistrales, las descripciones que son para él "sinfonías", la "apocalíptica" visión de la sífilis, los "escabrosos y anormales amores de su protagonista con el colegial vicioso",[37] es decir, los aspectos que a él, como autor naturalista, le atraían más de la novela.

Tendrán que pasar 61 años para la siguiente edición de *À Rebours* en España, en 1980; es la edición de J.-K. Huysmans, *Contra Natura*, con Prólogo de Guillermo Cabrera Infante, editada por Tusquets, en el n° 66 de la colección Marginales y traducida por José de los Ríos.[38] Cabrera Infante escribe en Londres, en 1980, el prólogo titulado: "Al revés de la Naturaleza". Para Cabrera la novela de Huysmans es "la culminación de la decadencia francesa, mal del siglo que pareció inventarse en Paris". En *À Rebours* está contenido todo el significado de decadencia de una época en Francia. Cabrera Infante está fascinado por des Esseintes –lo compara con el héroe Ulises– y equipara al escritor Huysmans al nivel de Flaubert o de Chateaubriand, por encima de escritores como Balzac o G. Sand. Entiende en la "fatiga nerviosa" de la que muere la madre de des Esseintes una de las claves centrales de comprensión de la novela y de su autor. Para Cabrera, el personaje real, que ha servido de referente para construir a des Esseintes, es Robert de Montesquiou-Fesenzac, también modelo del barón Charlus de *À la recherche du temps perdu*.[39]

De 1984 es la edición de Cátedra, titulada *A contrapelo*, editada y traducida por Juan Herrero, y dotada de una amplia introducción y una selección bibliográfica. Herrero dedica en su introducción dos apartados sobre la influencia de la novela decadente de Huysmans en la literatura hispánica.[40] Hasta la fecha, Juan Herrero es el mayor estudioso de la introducción de la novela de Huysmans en la literatura hispánica y ha señalado dos tipos de influencias de dicha novela en esta literatura: directa, a través de la lectura y asimilación de la estética que propugna Huysmans, de la que son ejemplos autores como Rubén Darío, Julián del Casal y una lista de novelas que se incluyen dentro de lo que se ha denominado la novela de artista hispánica: *De Sobremesa* (Silva), *El extraño* (Reyles), *El donador de almas* (Nervo), *Bohemia sentimental* (Gómez Carrillo). Herrero no menciona la novela Sangre patricia de Manuel Díaz Rodríguez, pero habría que añadirla por la similitud existente entre este modelo y el francés establecido por Huysmans.[41] También se refiere, aunque con reticencias, al posible influjo del francés en Valle-Inclán, aunque sin duda Valle acusa mucho más la influencia de otros autores como Barbey.[42] Al influjo directo de Huysmans en la literatura hispánica, Herrero añade el indirecto debido al conocimiento que propaga Huysmans en *À Rebours* de la literatura coetánea de autores como Villiers, Barbey, Mallarmé, etc. Sin duda, esta edición es la más cuidada y completa de *À Rebours* en español hasta la fecha y la que más datos ha aportado sobre la introducción de Huysmans en la literatura hispánica.

De febrero de 1986, es la edición de Bruguera, con el título de *Al revés*, perteneciente a la Colección Libro Amigo, traducida por Germán Gómez de la Mata. El prólogo lo firma Luis Antonio de Villena, en Madrid, en 1986, con el título de "San Huysmans, desdeñoso y sublime".[43]

Villena subraya en Huysmans al decadente; lo busca debajo de su vida sencilla de funcionario durante 30 años en la que reconoce al "personaje absolutamente a la contra". En esta clave explica las diferentes opciones vitales del escritor francés; así, el naturalismo es el cauce que elige primeramente Huysmans para manifestarse "a la contra" y lo abandona antes de que se convierta en escuela. *À Rebours* es la novela de un personaje que, como su creador, es "un ser a contrapelo, al revés de lo establecido: Contracorriente"; es la novela que esgrime "el triunfo de lo artificial sobre lo natural, de lo imaginario sobre lo real, la glorificación de un idealismo absoluto que choca contra una realidad ínfima y mestiza" y por eso tiene varias lecturas como catálogo "de las excentricidades de des Esseintes", como "la glorificación de lo raro –porque va contra la vida ordinaria– y de todo el arte decadente porque descree del realismo", como "tipología del artista como ser marginal" y como "un contundente rechazo del mundo, una resuelta negación de la vida que todos nos afanamos en vivir, un insulto a la realidad considerándola pobre, acéfala, menesterosa, falta de grandeza y de color feliz...".

Durtal, el personaje protagonista de *Là-bas* es también un personaje "a la contra" y es una manifestación de la vida "a contrapelo".

El acercamiento de Huysmans al catolicismo, "Bien que (y sobra decirlo) no pudiera tratarse de un cristianismo cualquiera", lo interpreta Villena en la misma línea, como la decisión final de Huysmans de convertirse en oblato "como una nueva manera de desdeñar el mundo".

La última edición aparecida de la novela se debe a este fin de siglo, pasados más de cien años de la aparición por primera vez de *À Rebours* en Paris: es una reedición de Contra natura, fechada en Junio de 1997, con el prólogo de G. Cabrera Infante, comentado anteriormente.

Faltan aún muchos datos y es necesaria una incisiva, persistente y sin duda audaz tarea de investigación para detectar cómo fue en realidad el influjo del autor francés Huysmans en la literatura hispánica, en especial en la española, ya que las relaciones de Huysmans con algunos autores hispanoamericanos sí han sido reconocidas y estudiadas, pero ha sido un autor silenciado en España. Pero la huella de Huysmans, y de su novela decadente *À Rebours* existe y solamente necesita estudiosos que la saquen a la luz.

Notas

1. GRASS, Roland, "Notas sobre los comienzos de la novela simbolista-decadente en Hispanoamérica: Amado Nervo y Carlos Reyles" en *El simbolismo*, Madrid, Taurus, 1979; GUTÉRREZ-GIRARDOT, Rafael, *Modernismo*, Barcelona, Montesinos, 1983; HERRERO, Juan, en Introducción a la ed. de *A contrapelo* de Joris-Karl

Huysmans, Madrid, Cátedra, 1984 y en "J.-K. Huysmans et les écrivains modernistes hispaniques" en *Bulletin de la Société J.-K. Huysmans*, n° 84, 1991, pp. 20-34.

2. CANSINOS-ASSÉNS, Rafael, *La nueva literatura*, Madrid, Editorial Páez, 1925, pp. 128 y 129.

3. ISSACHAROFF, Michael, *J.-K. Huysmans devant la critique en France (1874-1960)*, Paris, Klincksieck, 1970.

4. Ver el art. de Yves CHEVREL, "Les lettres allemandes et autrichiennes devant J.-K. Huysmans 1880-1900", in *Revue des sciences humaines*, Lille III, n°170-171, pp. 21-33 y el art. de Gerhard DAMBLEMONT, "À Rebours et l'Allemagne" en *Bulletin de la Société J.K. Huysmans*, n° 76, Tome XX, 1984, pp. 3-11; al final de este artículo se encuentran las ediciones de la novela francesa realizadas en alemán y la bibliografía alemana al respecto.

5. Para la recepción de Huysmans en Italia, ver el art. "Huysmans dans l'Italie contemporaine" en *Bulletin de la Société J.-K. Huysmans*, n° 79, Tome XII, 1986, pp.29-42. Otros datos sobre el influjo de Huysmans en la literatura extranjera los aporta el n° 76 del *Bulletin de la Société J.-K. Huysmans* dedicado a la "Réception d'*À Rebours* dans quelques pays étrangers."

6. Ver art. de Geoff WOOLLEN, "La fortune d'*À Rebours* et l'infortune d'Oscar Wilde" in *Bulletin de la Société J.-K. Huysmans*, n°76, (Tome XX, 1984), pp. 15-22.

7. Son diez artículos, dedicados a Pedro Antonio de Alarcón, aparecidos anteriormente en la *Revista de España*. La finalidad de los artículos -como Valera expresa en el prólogo- es refutar el naturalismo, una vez que Emilia Pardo Bazán se ha declarado naturalista. Consultamos la ed. de Valera, Juan, *Obras completas. Crítica literaria. Estudios críticos. Historia y política. Miscelánea*, 1. ed., Madrid, Aguilar, 1942, pp. 605-698.

8. Es la primera novela de Huysmans, publicada por primera vez en Bélgica en agosto de 1876 y autorizada su publicación en Francia en 1879.

9. Valera, J., en *O.C.*, p. 623.

10. Su visita y entrevista al escritor francés aparece recogida en *Almas y cerebros*, Paris, Garnier, 1925.

11. Prólogo de Jacinto Octavio PICÓN a *Literatura extranjera* de E. Gómez Carrillo, Paris: Garnier, 1894, p.v. Hay en este libro, además, dos menciones a Huysmans en pp. 275 y 306, respectivamente.

12. GÓMEZ CARRILLO, E., *Literatura extranjera*, *O.C.*, p. 306.

13. ARAUJO-COSTA, Luis, en *Biografía del Ateneo de Madrid*, Madrid, s.e., 1949, pp. 115-16, indica que "en 1918 Pardo Bazán dio una serie de conferencias sobre Baudelaire, Verlaine, Mallarmé, Moréas y Rimbaud que, de haberse publicado, hubieran llenado tres o cuatro volúmenes".

14. Ver en Introducción a *Obras completas*, Madrid, Aguilar, 1963, de E. Pardo Bazán, p. 32: "Y en París se relacionó con los más insignes representantes de la literatura y del arte. Concurrió a áticas y mefistofélicas tertulias de Mallarmé; a las efervescentes y sensibleras de los salones del pomposo Heredia; a los cenáculos de los naturalistas en Montparnasse, con el elegante Bourget y con el exquisito Barrès; a las exposiciones de arte impresionista y a los salones de los nobles realistas, más o menos disimulados. Pero a donde más le gustaba ir era al "desván" de Edmundo Goncourt, el admirable escritor, con quien charlaba de todo lo divino y lo humano en un tono gracioso y sugeridor "Su lindo "desván" -recuerda la española- es uno de mis mayores recuerdos parisienses: allí se reúnen la espada, la mala y el basto de la moderna novela francesa: Zola, Goncourt, Daudet; allí también concurren muchos de los "jóvenes", como en Paris se dice, que descuellan: Huysmans, Rod, Maupassant, Alexis; y los oigo hablar, refugiada en un diván turco, cerca del amo de la casa, y las pocas veces que meto baza es para recordar a aquellos galos vencedores que España existe, que tenemos novela y que los buenos novelistas no son muchos más por allá que por mi patria".

15. VILLANUEVA, Darío, en *El polen de ideas*, PPU, 1991, p.298, sugiere una comparación entre algunos aspectos de las obras de *Los Pazos de Ulloa* de Pardo Bazán y *À Rebours* de Huysmans: "No se me ocultan las diferencias entre des Esseintes y Julián Alvarez; entre doña Emilia y Huysmans. No se trata en modo alguno de forzar las concomitancias (pese a que hay materia sobrada: pienso en el enclaustramiento negador de la exterioridad del duque y de Nucha-Julián, o las narraciones oníricas, sumamente significativas, de ambos protagonistas en los cap. 8 de la novela francesa y 19 de la española) y menos de establecer vinculaciones genéricas más que problemáticas. Lo que quiero señalar es que ambas cumplieron la misma función, simultáneamente, en sus respectivas literaturas [...]. Con toda certeza, el polen que fertilizó la creación de Los *Pazos de Ulloa* fue compartido por Huysmans, Henry James y tantos otros" (pp. 304, 305).

16. WHITAKER, Daniel S., *La Quimera de Pardo Bazán y la literatura finisecular*, Madrid, Pliegos, 1988, pp. 34-39.

17. GÓMEZ de la SERNA, Ramón, *Morbideces* en *Obras completas*, 1. *"Prometeo"*, I. *Escritos de juventud (1905-1913)*, ed. dirigida por I. Zlotescu, Barcelona, Círculo de Lectores, 1996, p. 470.

18. GÓMEZ de la SERNA, R., Prólogo a "Retratos contemporáneos" en *Retratos completos*, Madrid, Aguilar, 1961, p. 257: "Cuando la biografía aún no se había puesto de moda -allá por el 1916-, yo ya encabezaba con largas y cordiales biografías a mi manera -bajo el signo del vitalismo muerto- las obras de Ruskin, de Baudelaire, de Villiers, de Nerval, de Oscar Wilde, etc. Pasado el tiempo, coleccioné en un tomo, titulado *Efigies*, parte de esas biografías y seguí escribiendo otras nuevas".

19. GÓMEZ de la SERNA, R., *Retratos completos*, Madrid, Biblioteca de Autores Modernos, Aguilar, 1961; "El desgarrado Baudelaire" forma parte del conjunto de *Efigies*: pp. 11-78. (cita en p.20).

20. GÓMEZ de la SERNA, R., "Retrato del gran mariscal Barbey d'Aurevilly", pp. 79-153 en *O.C.*, p. 126.

21 GÓMEZ de la SERNA, R., O.C., en "Retrato del conde Villiers de l'Isle-Adam", pp. 129-152, p. 140. Huysmans fue uno de los principales impulsores del matrimonio de Villiers antes de morir; fue, además su albacea testamental.

22. Madrid, Editorial Páez, 1925.

23. CANSINOS-ASSÉNS, R., *La nueva literatura*, Los Hermes (1898-1900-1916), Madrid, Editorial Páez, 1925. Hay otra referencia a Huysmans, unido a los hermanos Machado, en la p. 114: "Antonio aún no ha publicado *Soledades*: Manolo viene a poco de Paris, donde ha sido la promesa para el mañana en los convivios de Moreas y Huysmans".

24. CANSINOS-ASSÉNS, R. en *O.C.*, tomo II, La Escuela, p. 192.

25. CANSINOS-ASSÉNS, R., *La novela de un literato*, 3, Madrid, Alianza Tres, 1995, p. 15.

26. En esta misma editorial también se tradujeron del propio Huysmans *Allá lejos* con prólogo de Blasco, versión de Germán Gómez de la Mata, 1919, *Río abajo*, *En Rada* prólogo de Blasco, versión de G. Gómez de la Mata, 1911, *En familia*, prólogo de Blasco, versión de G. Gómez de la Mata, 1920, *Apuntes parisienses*, Valencia, Prometeo, 1920 (Según *Manual del librero hispanoamericano*, tomo VI, Barcelona, Palau, 1953).

27. En el libro de Hipólito ESCOLAR SOBRINO, *Historia del libro español*, Madrid, Gredos, 1998, p. 281, se lee: "Son pocas y de escaso movimiento las editoriales situadas fuera de Madrid y Barcelona, salvo el caso de Valencia, donde volvemos a encontrar en los primeros años del siglo a la conocida Editorial Sempere, que desapareció temprano, en 1923, absorbida por otra creada en Madrid por Blasco Ibáñez, Española-Americana, y por Editorial Prometeo del propio Blasco. Siguió publicando las obras del novelista valenciano, a las que añadió, en nuevas colecciones, Novela Literaria y Nueva Biblioteca de Literatura, obras de Pío Baroja, Luis Araquistain, Manuel Bueno, José Francés, Antonio Zozaya, Enrique Gómez Carrillo, Rafael Altamira y Enrique Rodó, y tra-

ducciones de Washington Irving, Mauricio Barrés, Pierre Louÿs, Paul Bourget, Henri Barbusse y Joris-Karl Huysmans".

28. Camille MAUCLAIR, *Cosmópolis*, n°l, 10 de octubre de 1919, pp. 234-235.

29. Germán Gómez de la Mata es un novelista que traduce varias obras de Huysmans, del francés al español, entre las que figuran *Là-bas* y *À Rebours*. Cansinos-Asséns dedica un capítulo a este escritor en *La nueva literatura*, Madrid, Páez, 1925: "Germán Gómez de la Mata. Andrés Guilmain", pp. 263-267. De él dice que es un "rapsoda juvenil" (p. 265) y un "neófito" (p. 267). Para Cansinos, Gómez de la Mata "ofrenda el zumo bullente de la vid, la juvenil embriaguez, que tiene todos los gestos, los graciosos y los oportunos" (p. 266). Es autor de una obra titulada *Muñecas perversas*, que reseña Cansinos como un libro que "parece formado con las páginas que todos hemos roto a los veinte años" aunque queda como positivo "el ardor irreflexivo, el ímpetu generoso, la vena plena, que, sabiamente desangrada, podrá sustentar una robusta madurez" (p. 267).

30. Juan HERRERO, en Introducción a la ed. de *A contrapelo*, Madrid, Catedra, 1984, p. 81, se refiere a esta traducción de *À Rebours* como "un poco precipitada y demasiado literal en ocasiones, aunque no deja de tener cierta fuerza expresiva".

31. Prólogo de Blasco Ibáñez, en *Al Revés*, Prometeo, 1919, p. 10.

32. En un largo párrafo, manifiesta el aborrecimiento de Huysmans por la pintura de Millet por parecerle esta pintura idealista e irreal, pp. 15-19 del prólogo citado.

33. Prólogo de Blasco, ed. cit., p. 20.

34. *Idem.*, p. 20.

35. *Idem.*, p. 28.

36. *Idem.*, p. 28.

37. *Idem.*, p. 29.

38. Huysmans,J.-K., *Contra Natura*, Barcelona, Tusquets, septiembre de 1980.

39. J. HERRERO, en la Introducción a *A contrapelo*, *O.C.*., pp. 82 y 83, señala con claridad aspectos en los que ve deficiente la ed. de Tusquets, salvando todo lo positivo que tiene; cita como defectos el título dado a la obra, "Contra Natura" y el título del prólogo de Cabrera Infante, "Al Revés de la Naturaleza"; el prólogo de Cabrera es brillante, y está escrito en un estilo muy sugerente, pero es incompleto. Estoy de acuerdo con Herrero.

40. J. HERRERO, *O.C.*, pp.73-84.

41. En el IIº Encuentro Hispano-Francés ("Patología y literatura en el mundo hispánico, 1820-1936), celebrado en Mayo de 1997, en Medina del Campo (Valladolid), presentamos una comparación entre los dos modelos de héroes decadentes creados por Huysmans y Díaz Rodríguez, en la ponencia sobre "El enfermo decadente: *À Rebours* y *Sangre patricia*" que podrá consultarse en las *Actas* del mismo.

42. Dice J. HERRERO, en *O.C.*., p. 78, que "De todas formas, se pueden observar bastantes coincidencias y paralelismos entre la sensibilidad refinada, y a veces cínica y perversa de Des Esseintes, y la sensibilidad también cínica, exquisita y decadente del Marqués de Bradomín". Para el estudio del influjo de Barbey en Valle-Inclán, ver los art. de SMITH, Verity, "Dandy elements in the Marqués de Bradomín" in *Hispanic Review*, XXXII, 1964, pp. 340-350 y TERRY, Barbara, "The influence of Casanova and Barbey D'Aurevilly on the Sonatas of Valle-Inclán" in *Revista de estudios hispánicos*, Alabama, 1967, pp. 61-88.

43. Este prólogo aparece recogido en una recopilación de artículos y prólogos sobre artistas del fin de siglo de Luis A. de VILLENA, *Máscaras y formas del "fin de siglo"*, Madrid, Ediciones del Dragón, 1988. También VILLENA, seguidor de Huysmans, ha dedicado al autor francés una semblanza en *Antibárbaros*, Sevilla, Renacimiento, 1995.